EL LIBRO ROJO
DE LA FRANQUICIA

LO QUE NADIE TE VA A CONTAR ANTES DE
FIRMAR TU CONTRATO DE FRANQUICIA

MARINA AL-ASSIR

Primera edición octubre 2018

Copyright © 2018 Marina Al-Assir

Todos los derechos reservados.

Depósito legal: M-007038/2018
ISBN: 9781729025697
Sello: Independently published

Gracias a Juanjo de la Iglesia, a Jaime Parrondo, a todo el equipo de Templo del Masaje, a todos los que han compartido sus experiencias y a los que no puedo mencionar.

ÍNDICE

INTRODUCCIÓN..7
1. Quien soy yo y quien eres tú 7
TU LADO DE LA BALANZA.......................................13
¿Una franquicia? ¡Sí, claro!......................................13
¿Una franquicia? Sí, pero..14
¿Una franquicia? ¡Ni se te ocurra!............................16
¿Qué franquicia me conviene? (Si es que me conviene alguna)...17
¿Tengo dinero para meterme en este lío?.................19
Cuando suenan las alarmas. "¿No me estarán timando?".....21
EL CONTRATO DE FRANQUICIA: UN CAMPO MINADO..25
UBICACIÓN Y APERTURA..31
DURACIÓN DEL CONTRATO Y RENOVACIÓN...........35
   Mide bien los tiempos 35
   Elimina incógnitas en la renovación........................38
LA IMPORTANCIA DE LA MARCA............................43
PRODUCTOS, SERVICIOS Y APROVISIONAMIENTO...47
PRECIO Y CONDICIONES DE PAGO..........................53
ACUERDOS CON TERCERAS PARTES.......................57
SOBRE LA VENTA *ONLINE*......................................*61*
OBLIGACIONES FINANCIERAS DE LOS FRANQUICIADOS..65
   Canon de entrada..65
   Royalties..*71*
SABER HACER (O *KNOW HOW*).................................79
   Los manuales..79
   Formación..84
NO HARÁS LA COMPETENCIA AL FRANQUICIADOR (Y VICEVERSA)..89
   ¿Y viceversa?..91
   Cuando el acaba el contrato, ¿de quién es la cartera de clientes?..92
CONCLUSIONES FINALES...95
Anexo: Código Deontológico Europeo de Franquicia aplicable en España..99

Introducción

Quien soy yo y quien eres tú

Este libro está basado en mi experiencia, en la experiencia de personas que me han contado qué tal les ha ido en sus aventuras empresariales y en información publicada en los medios de comunicación.

Yo, junto con mis socias, cree una red de franquicias hace más de doce años y, puedes creerme, que he visto casi de todo a lo largo de nuestra aventura.

Te adelanto lo que no voy a contar en este libro, puesto que se extendería demasiado y tampoco es la finalidad. No voy a contar por qué decidimos expandirnos en franquicia, cómo lo hicimos, cómo nos dejamos engatusar por cifras y despachos lujosos. Tampoco voy a contar por qué decidimos frenar el crecimiento en franquicia y las desventuras que tuvimos (y a veces seguimos teniendo) como franquiciadoras.

Lo que sí voy a contarte a ti, que se te ha pasado por la cabeza quizás invertir o autoemplearte en una franquicia, lo que nadie te va a contar. Primero, porque quien te va a asesorar o es la misma franquicia que quiere venderte una unidad de su negocio, o una consultora que quiere cerrar un trato y llevarse su comisión. Así que verás unos cuantos libros sobre franquicia en los que te dicen las ventajas del modelo, quizás te recomienden unas marcas y tal vez te digan que reflexiones sobre algún aspecto. Pero no nos engañemos: tú has decidido apostar por el modelo de franquicia por unos motivos que los que estamos en este mundillo conocemos de sobra. Quizás tú aún no seas del todo consciente, pero te puedo dar unas pistas.

Es posible que te dé miedo montar tu propia empresa desde cero: eso de pensar en un nombre, hacer folletos, poner precios, contratar a personas, decorar un local, etc. Te puede parecer un mundo inabarcable por ti mismo. Son muchas cosas en las que pensar y mucho trabajo previo que alguien tiene que hacer. Así que, qué mejor que alguien que te lo dé todo listo para funcionar, o eso piensas tú.

Otra opción es que estés pensando en la franquicia porque a) tu ciudad está llena de la franquicia X y se están forrando. Tú no quieres dejar escapar esa oportunidad. b) En tu ciudad no hay nada del servicio/producto X y piensas que es una grandísima oportunidad de hacerte con todo el mercado.

Otro caso es que por tu edad o situación actual pienses que nadie va a darte un trabajo y que la única forma de autoemplearte es montarte una pequeña franquicia para poder vivir de ello.

Por último, eres un inversor que tiene un dinero y quiere hacerlo trabajar sin que le dé mucho quebradero de cabeza. Eso sí: que le dé mucho dinero y muy rápido, que para eso están las marcas consolidadas.

No es éste un libro para desmotivarte o quitarte tus ilusiones. Es un libro que desde la experiencia del que ha fracasado en alguna ocasión, te advierte para que no cometas errores que puedes evitar siendo cauto. Es verdad que lo que hablo aquí se aplica a muchos tipos de contratos mercantiles, pero he usado los puntos más típicos del contrato de franquicia porque es el modelo más extendido actualmente.

A través de estas páginas tendrás el privilegio de conocer, desde lo que sabe un franquiciador, todas las trampas en las que puedes llegar a caer, tanto por falta de conocimiento como por mala fe. Y es que no debes olvidar que, por lo general, el franquiciador lleva mucha ventaja, por no decir toda la ventaja posible, a la hora de plantear su negocio y hacer firmar contratos.

Así que primero te desmitificaré las ilusiones acerca de las maravillas que nos venden y después iré paso a paso a través de los puntos básicos que verás en un contrato de franquicia. En cada apartado de ese contrato te resaltaré posibles lagunas o agujeros negros que pueden escapar a tu vista, para que los tengas en cuenta.

Este libro es, pues, un manual con el que me gustaría ayudarte a tomar una decisión muy importante. Dedicar tu tiempo y tus ahorros, o empeñarte durante muchos años, para acometer un proyecto empresarial, merece una reflexión profunda y documentada, a la que me gustaría contribuir con estas líneas.

Para todos vosotros, queridos aspirantes, es este libro. Os deseo toda la suerte del mundo porque la vais a necesitar.

CINCO IDEAS QUE PUEDEN AYUDARTE A TOMAR UNA DECISIÓN ACERTADA

1.- Tomar conciencia con realismo de tus posibilidades económicas.

2.- Investigar qué marca te interesa. Informarte a través de otros franquiciados, además de los que te presente el franquiciador.

3.- Interrogar al franquiciador. Revisar meticulosamente toda la información que nos proporcione.

4.- Consultar siempre con un experto independiente.

5.- Valorar toda la información y **tomar una decisión siempre en función de datos objetivos y contrastados** y NO de cómo nos gustaría que fueran las cosas.

TU LADO DE LA BALANZA

¿Una franquicia? ¡Sí, claro!

Si estás leyendo este libro es, seguramente, porque te gusta creer en la versión oficial de lo que es la franquicia. Esa versión idílica, que es muy bonita y que, si todas las franquicias la llevaran a la práctica de principio a fin, créeme que el planeta no tendría más que franquicias.

La franquicia es un modelo de negocio ciertamente exitoso, cuya implantación en nuestro país ha crecido de manera notable en los últimos años. A primera vista, las causas de ese éxito parecen claras. Es una modalidad en la que aparentemente todos ganan:

- El franquiciador, porque permite que su empresa crezca sin desembolsar más capital.

- El franquiciado, porque se incorpora a un negocio en el que los procedimientos están ya más que comprobados y no necesita pasar por una costosa fase de aprendizaje, tanto para la gestión diaria de su negocio, como en cuestiones relacionadas con la promoción, la publicidad o el *marketing*

- El cliente, porque se ahorra sorpresas desagradables, ya que sabe exactamente lo que va a comprar desde que ve el rótulo de la tienda, aunque ese rótulo se encuentre en un centro comercial a miles de kilómetros de la ciudad en que vive habitualmente.

Naturalmente, ante un panorama empresarial tan maravilloso, en el que todos ganan, lo más razonable es empezar a sospechar: entre tanta miel tiene que haber alguna mosca. Parafraseando al Gran Wyoming: "Ya conocen las noticias, ahora les contaremos la verdad".

¿Una franquicia? Sí, pero...

Lo primero que debemos tener claro es que el éxito de una franquicia -por importante que sea, por implantada que esté o por millones que facture- no significa necesariamente el éxito del franquiciado. Éste dependerá de muchos factores, por ejemplo, la zona en que se ubique el local: no es lo mismo –ni la inversión tampoco lo será– abrir una franquicia en la Gran Vía de Madrid que en la ampliación del polígono industrial *"Los Macarrales",* a las afueras de esa ciudad dormitorio tan mona y bien comunicada, a apenas treinta y siete kilómetros de la capital de provincia más cercana.

Una franquicia, como decíamos antes, presenta la ventaja de operar con procedimientos de éxito comprobado, o de vender productos o servicios ya introducidos en el mercado. En definitiva, el franquiciado se beneficia -pagando, se entiende- del valor añadido que representa la marca de la franquicia con la que se trabaja.

A cambio, la capacidad de maniobra y de inventiva del franquiciado es más bien escasa, por no decir nula. Esto tiene su parte positiva y su contraparte negativa. Venderemos lo que nos diga el franquiciador, al precio que nos diga, cómo nos diga y dónde nos diga. Incluso lo haremos vestidos con la ropa que nos diga. Tendremos los proveedores que nos diga (el propio franquiciador, casi siempre) y les pagaremos el precio que nos impongan. Así que si lo que se tiene en mente es un proyecto personal, donde la iniciativa propia tenga peso, más vale que busquemos otro tipo de negocio, porque éste tiene bastante poco que ver con la idea "romántica" del comercio, y se parece más bien –dicho sea, con todos los respetos– al trabajo de un vendedor a comisión, en exclusiva para una empresa. Y sin sueldo mínimo garantizado.

La franquicia tiene sus ventajas, no cabe duda, pero conviene no dejarse llevar por excesos de entusiasmo antes de lanzarse al ruedo. Tengamos siempre presente que casi todo el riesgo que se corre va siempre por cuenta del franquiciado. Valorar correctamente ese riesgo es una de las claves para mantenerse a flote.

¿Una franquicia? ¡Ni se te ocurra!

Por más que haya quien no se canse de repetirlo en cursos de "motivación", de ésos que dan a millonada algunos predicadores del *coaching* empresarial, no existen fórmulas mágicas para forrarse invirtiendo poco y trabajando menos aún, si exceptuamos el atraco a mano armada de una sucursal bancaria, si todo sale bien, claro.

Si tienes en la cabeza la idea de dar el pelotazo, de hacerte millonario en tiempo récord gracias a una franquicia, puedes estar seguro de que tu experiencia como franquiciado será un desastre. Casi mejor que te la ahorres.

Un franquiciado –y más aún si su inversión es discreta– no es otra cosa que un pequeño comerciante que necesitará muchas horas de trabajo, constancia y conocimiento de su negocio para sacarlo adelante. Tener cualquier otra idea del asunto es el mejor procedimiento para que la aventura fracase en breve, de modo estrepitoso.

¿Qué franquicia me conviene? (Si es que me conviene alguna)

Antes de dar paso alguno que nos haga adquirir cualquier compromiso, es imprescindible informarse bien. Hay muchas franquicias y no todas suponen el mismo desembolso inicial. Del mismo modo, algunas pueden no ser adecuadas para la zona en la que tenemos previsto establecernos, o estar relacionadas con negocios de los que no sabemos absolutamente nada, o directamente pueden no agradarnos. No todas las franquicias tienen los mismos márgenes de beneficio ni se amortizan con la misma facilidad, ni tienen la misma demanda. Todas estas cosas –y muchas más que veremos más adelante– tenemos que tenerlas muy claras antes de comprometernos a gastar un euro en un nuevo negocio.

Existen consultoras especializadas donde podemos informarnos de las franquicias más extendidas, conocer sus características generales y saber qué inversión necesitaremos para poner en marcha la que nos parezca más atractiva. Conviene que nos demos una vuelta por alguna de ellas para hacernos una primera idea de dónde vamos a meternos. Pero ojo: sólo para eso. Las consultoras no son el oráculo y no garantizan absolutamente nada. Su trabajo se limita a poner en contacto a franquiciador y franquiciado y cobrar una comisión por ello, muchas veces a las dos partes (a uno por encontrar franquiciados y a otro por seleccionar franquicias). Cabe preguntarse si funcionando así las cosas, y siendo en muchas ocasiones éste el negocio principal de estas consultoras, no te van a intentar meter por los ojos a sus clientes, aunque otras franquicias de los mismos sectores sean mejores.

Naturalmente, los despachos que mejor aconsejan son los que tienen más éxito, pero ello no quiere decir que en ocasiones no metan la pata esplendorosamente. Tomemos como ejemplo el librito titulado "Treinta franquicias rentables donde invertir. Análisis de las franquicias con más futuro", escrito hace unos años con la colaboración estelar de una de estas consultoras. Pues bien: a fecha de hoy, sólo seis de esas franquicias sobreviven. Las demás, o no muestran actividad desde hace mucho, o directamente ya no existen en España. No, no ha sido precisamente el oráculo.

Como norma general, para elegir una franquicia, huye de las modas. Las modas suelen provocar una oleada de réplicas del mismo negocio que pueden saturar el mercado. Plantéate más bien si encuentras buenas razones para creer que el producto o servicio que vas a vender tendrá recorrido en el tiempo, o si corres el riesgo de que dentro de seis meses nadie se acuerde de que una vez existió una cadena de tiendas de calcetines fosforescentes, muy de moda en su momento.

Obviamente, las marcas consolidadas suelen ser más seguras que los recién llegados. Tendrás que valorar el riesgo que supone sumarse a una iniciativa novedosa y los costes de sumarse a una marca ya veterana en la que, a priori, sería más fácil obtener beneficio.

Un sistema menos formal, pero no por ello menos eficaz, es ir directamente a fisgar un poco a los negocios que nos parezcan más exitosos. Observar cuáles son las características de la zona en que están implantados -el ambiente del local, el comportamiento de los clientes...-, e intentar hablar con el franquiciado para saber cómo valora su relación con el franquiciador y si merece la pena y resulta rentable meterse en ese berenjenal para poner una peluquería canina en el quinto pino, pongamos por caso.

¿Tengo dinero para meterme en este lío?

Prepárate para echar cuentas, pero muchas, antes de tomar una decisión. En muchas franquicias es necesario pagar un canon de entrada, al que habrá que sumar el importe de los *royalties*. Es importante valorar si lo que la franquicia nos ofrece a cambio de estas cantidades nos parece suficiente: una marca reconocible y prestigiosa, un producto con demanda, una formación adecuada para realizar correctamente el trabajo, etc.

También tendremos que hacer frente al pago del *stock* inicial. Es muy importante saber si sólo una parte del mismo será suministrado por el franquiciador al precio señalado por él, y si podremos adquirir por nuestra cuenta otra parte, buscando nuestra propia relación calidad–precio. A ello habrá que sumar, en su caso, el importe de la obra civil realizada en el local, siguiendo las directrices de la franquicia y con muchos –o todos– de los materiales de la decoración también suministrados por ellos. Algunas franquicias, ofrecen un servicio "llave en mano", por el que entregan el local con la reforma ya hecha. Presenta la gran ventaja que el franquiciador nunca podrá rechazar parte de la reforma si, según ellos, no se ajusta a las directrices del proyecto de obra recogido en el contrato, por lo cual el franquiciado se ahorrará un buen número de quebraderos de cabeza. El inconveniente es que el presupuesto será notablemente más alto.

Necesitaremos también destinar parte del capital al pago de nóminas y gastos generales, durante el período en que aún no demos beneficios.

Y cuando hayamos sumado todas estas cantidades, añadiremos otra más para imprevistos. Si hay algo que puedes dar por seguro, es que siempre necesitarás más dinero del que te indique el franquiciador. Conviene contar con ello desde el principio para evitar sobresaltos y sablazos a los familiares más cercanos.

Cuando suenan las alarmas. "¿No me estarán timando?"

En el mundo de la franquicia –como el de los negocios, en general– no es infrecuente toparse con algunas empresas, cuyo objeto social parece ser intentar dar el palo a todo el que pillan por delante. No digo que nos convirtamos en unos suspicaces medio paranoicos, pero si queremos salir medianamente bien parados de nuestra experiencia como franquiciados, lo primero es que aprendamos a reconocer esas señales de que alguien nos quiere liar y, llegado el caso, huir en dirección contraria sin mayores discusiones. No conviene malgastar tiempo y energía que puedes dedicar a buscar tu negocio en otra parte.

Enseguida veremos cuáles son los intríngulis de los contratos de franquicia y lo que debes tener en cuenta para evitarte disgustos, pero como norma general, para evitar problemas, procura siempre contar con la asesoría de un abogado de confianza que tenga conocimiento del mundo de la franquicia, y NUNCA FIRMES NADA que no hayas podido enseñar a tu asesor legal.

Me consta que existen empresas que se niegan a facilitar el contrato de franquicia con tiempo para que puedas leerlo con calma y consultarlo con tu abogado, antes de la firma. Del mismo modo, no permiten que vayas acompañado por él el día de la firma. En casos así, ni te molestes en acercarte.

Un buen filtro previo consiste en teclear en un buscador de Internet el nombre de la franquicia que nos haya llamado la atención, y a continuación escribir la palabra "estafa", "timo", "robo" o "ladrón". Eso nos puede poner en la pista de algunos compañeros de viaje no muy deseables. Si en vez de las palabras citadas utilizamos otras más gruesas, podemos incluso pasar un rato divertido comprobando los resultados de la búsqueda.

Otro buen sistema de encontrar "pegas" sobre una marca en Internet son los foros de franquiciados, donde si algunos han sido ya engañados previamente por esa marca facilitan "pistas" para no meterse en ese berenjenal. Cierto es que en todas partes siempre hay alguien a disgusto, pero si el número es exageradamente elevado y todos hablan de lo mismo, habría que investigar en esa dirección.

RESUMEN

La teoría de la franquicia es un cuento de hadas precioso, pero no existe. El éxito de la franquicia depende de muchos factores que tú puedes no controlar. Por supuesto, sin tu implicación y trabajo será muy difícil que funcione.

La parte positiva de las franquicias es que es un modelo de negocio comprobado, una marca reconocida y un ahorro de costes.

La parte negativa de la franquicia es tu prácticamente nula libertad de acción y decisión y las trampas ocultas (con sus costes extraordinarios) que puedes llegar a descubrir solamente cuando ya estás dentro.

Atención: cuidado con las consultoras de franquicia.

EL CONTRATO DE FRANQUICIA: UN CAMPO MINADO

El contrato de franquicia –y en general cualquier papel que firmes– te compromete legalmente a actuar de una determinada manera. Por eso es sumamente importante entender con claridad hasta la última sílaba que contenga. Será este papel el que establezca el marco de relación entre la franquicia y tú. No te fíes, por lo tanto, de lo que leas u oigas en la publicidad, o en los trípticos informativos que te entreguen. Menos aún si suenan "demasiado bien" y prometen el oro y el moro. Es cierto que, si en ella no se indica lo contrario, la publicidad puede tener valor contractual. Esto básicamente quiere decir que si en un folleto publicitario de una franquicia dice que vas a ganar mil euros al mes (y no hay letra pequeña que lo contradiga), si no llegas a esa facturación, puedes darte oficialmente por engañado.

No es muy buena señal encontrar diferencias entre lo que la publicidad promete y lo que estipula el contrato. Si llegado el caso crees que esa contradicción te ha perjudicado y quieres reclamar, puede ser muy cansino –y muy caro– emprender acciones legales. Así que, por si las moscas, desde el principio atente siempre a lo que establezca el contrato, no a lo que aparezca en la publicidad, y no te fíes ni poco ni mucho si encuentras una franquicia que incurra en ambigüedad o contradicciones – menos aún en falsedades– en sus textos publicitarios. En ese caso, lo mejor es lo ya dicho: huir sin mirar atrás y buscar en otra parte.

Por ejemplo: si en un folleto te dicen que vas a recuperar la inversión en dos años, puedes estar seguro de que eso no es verdad. Pero no porque te quieran engañar, sino porque eso son números sacados de unas estadísticas, de un local en cierta ubicación, de ciertos metros cuadrados y gestionado por un personal que tiene una experiencia determinada. Es prácticamente imposible que todos los negocios tengan exactamente el mismo tiempo de retorno de la inversión por las variables (ubicación, metros, personal, tiempo en la actividad) a las que están sometidos. Un plan de negocio está para ayudarte a pensar en todos los aspectos del negocio, pero jamás se cumple.

Algunas franquicias te exigirán la firma de un precontrato. Cuidado: no es un simple trámite. Léelo bien antes de firmarlo y hazlo sólo si comprendes bien a lo que te compromete y te parece razonable asumirlo, especialmente si aún no tienes completamente decidido trabajar con esa franquicia. No tendría ninguna gracia que tus primeros pasos en este negocio consistieran en pagar penalizaciones por no concluir el proceso de contratación, si quisieras echarte atrás. Hay cosas mucho mejores en las que gastar el dinero. Es decir, que hay precontratos que te obligan a desembolsar una cantidad a fondo perdido y tú aún puedes no saber qué condiciones vas a tener que firmar finalmente en el contrato.

No hay que olvidar que resulta imposible que un contrato recoja absolutamente todas las eventualidades que puedan surgir en la relación comercial de quienes lo firman. Siempre va a contener generalidades y muy probablemente haya circunstancias que no estén previstas. Si detectas una de esas faltas de concreción, intenta negociar con el franquiciador para solucionarlo y, si eso no es posible, plantéate –una vez más– si tienes buenas razones para asumir ese riesgo. Ten en cuenta que las inconcreciones suelen favorecer a quien tiene los recursos para actuar con más reflejos, para ser más rápido en reaccionar y que la situación le favorezca. Y ése suele ser el franquiciador, no lo dudes.

Vamos a poner un ejemplo ficticio: una franquicia te firma un contrato de exclusividad de 10km de radio desde tu ubicación durante 10 años para que tú explotes un local de restauración con la marca *100 Bocadillitos*. Eso significa que no van a ponerte ningún local de *100 Bocadillitos* a menos de esa distancia, pero lo que tú no sabes es que te pueden poner en el local con el que compartes pared un negocio de *La Norteña*, otra marca del grupo al que perteneces, con un negocio muy similar. Ahora, cuando te des un paseo por la ciudad, no olvides fijarte en la disposición de las franquicias de restauración, seguro que te viene a la cabeza este ejemplo en más de una ocasión.

Otro ejemplo: tú firmas un contrato estándar hoy y en cinco años, la franquicia desarrolla una tienda online donde vende los mismos productos y servicios que tú tienes en tu tienda. Eso, que era impensable en el tiempo de la firma del contrato, ahora te está costando recortes en tus ventas. Es algo que nadie sabía y que, a la hora de redactar las nuevas condiciones, la franquicia va a tirar de la cláusula "el franquiciado aceptará todos los cambios y mejoras que el franquiciador decida implantar para mejorar la competitividad". No es a mala fe, pero si en la resolución no hay una negociación justa, ya sabemos quién va a salir perdiendo.

Ahora, sabiendo lo que sabes, vamos a entrar a ver las partes básicas que debería tener tu contrato de franquicia. Tu contrato puede tener variaciones de los puntos que aquí vamos a nombrar y puede que tenga alguno más. Eso siempre es bueno, porque cuanto más se defina la relación, menos sitio habrá para las sorpresas. Ahora bien, si falta cualquiera de estos puntos, ya puedes empezar a sospechar que, o bien el franquiciador no tiene la suficiente experiencia (y eso es malo para ti) o bien vas a descubrir ciertas cosas demasiado tarde.

RESUMEN

No firmes nada que no entiendas y/o que te comprometa a algo de lo que no estás completamente seguro. Cuidado con los precontratos.

Las franquicias tienen que venderse. Es imposible meter toda la verdad en un tríptico publicitario. No es que te engañen, es que tú no te has informado bien.

Atención: cuidado con las consultoras de franquicia.

https://www.economiadigital.es/directivos-y-empresas/el-empresario-de-la-belleza-low-cost-se-embolsa-dos-millones-con-el-timo-de-las-franquicias_181599_102.html

UBICACIÓN Y APERTURA

En una franquicia, como en cualquier tipo de comercio, la ubicación es cuestión fundamental. Por eso conviene estar muy seguros del lugar donde nos estableceremos y, para estarlo, lo mejor que podemos hacer es informarnos bien. Hay algunas empresas de Big Data y bancos que ofrecen un servicio que nos será de enorme utilidad: facilitan los datos de dónde y en qué se gasta el dinero que se paga con tarjeta (que es más cada día que pasa, como sabemos) y sobre el volumen de ese flujo de dinero. Es obvio que esa información nos será de gran valor para saber si hemos elegido el sitio adecuado. Es decir, nadie mejor que un banco para saber si en mi zona la gente compra ropa, echa gasolina o va a la peluquería tres veces al mes y cuánto se gastan. Por supuesto no es una cifra exacta, pero podemos hacernos una idea bastante acertada. También nos podrán decir el sexo, edad y nivel socioeconómico del barrio.

Para escoger el lugar donde montar tu negocio, procura basarte siempre en datos objetivos, contrastables. Nunca te fíes de la intuición ni te dejes llevar por tus gustos personales. Menos aún por la comodidad: que un local esté cerca de tu casa no significa que sea el ideal para que tu franquicia funcione. El hecho de que no haya otro negocio similar en la zona tampoco es necesariamente una garantía de éxito: si esto fuera siempre así, alguien se habría hecho millonario hace mucho vendiendo helados en el Polo.

Procura, pues, recabar datos como la densidad de población de la zona, la media de edad, los negocios abiertos en los alrededores, etc. Tómate tu tiempo; la precipitación puede ser el origen de un fracaso.

Es más que probable que el franquiciador te sugiera una zona concreta donde instalarte. Sin dudar de la buena fe de nadie, piensa que lo normal es que te sugiera un emplazamiento que le convenga a él y que, a lo mejor, no es precisamente el que te conviene a ti. Los lugares donde el éxito es más probable son normalmente –aparte de los más caros– los primeros en ocuparse. Así que sé prudente y analiza bien cualquier ofrecimiento de zona que te hagan. Es posible que al dueño de la franquicia le convenga mucho estar presente en un lugar determinado y a ti no tanto.

Usemos el sentido común del franquiciador: para crecer e impresionar a más futuros franquiciados de lo grande que es mi cadena, voy a abrir en los sitios donde no voy a cerrar tan fácilmente, es decir, centros de capitales a pie de calle con mucha gente. Cuando ya tenga todas esas zonas adjudicadas y quiera seguir expandiéndome, no me queda otra que ofrecer zonas de segunda, no porque quiera, sino porque no quedan de primera.

Por ejemplo, se decidió (franquiciador y franquiciado) abrir un Foster's Hollywood en Ávila. Parece que el franquiciado no miró bien que para que el restaurante fuera viable, tenía que tener a la mitad de la población en su restaurante. Si crees que la mitad de una ciudad puede ir a comer a tu negocio con regularidad, tienes un problema.

RESUMEN

La ubicación es fundamental en la mayoría de los negocios.

Abrir una franquicia en tu pueblo solo porque te pilla cerca de casa no suele salir bien.

El franquiciador te va a dar zonas disponibles dependiendo de sus necesidades de expansión.

https://www.burbuja.info/inmobiliaria/emprendedores/640881-negocio-imposible-de-franquicias-fosters-hollywood.html

DURACIÓN DEL CONTRATO Y RENOVACIÓN

Mide bien los tiempos

Si vas a alquilar un local para instalar tu negocio es muy importante que procures hacer coincidir la duración de los contratos de alquiler y de franquicia, o al menos que el contrato de alquiler tenga una duración mayor.

Si el contrato de arrendamiento expira antes que el de franquicia podemos vernos obligados abandonar el local y, por lo tanto, a interrumpir la actividad. Esto nos ocasionaría un perjuicio económico evidente. Además, los contratos de franquicia pueden incluir sanciones por interrupción de la actividad, aunque sea por un motivo como el mencionado. Y no queremos pagar sanciones.

Supongamos que nuestro negocio es rentable. Si nos vemos obligados a abandonar el local, porque nuestro contrato de alquiler termina, también corremos el riesgo de que el franquiciador decida explotarlo él y se quede con el local al precio que le pida el propietario. No hay ni que decir que volver a empezar en otro local desde cero sería desastroso para nosotros. Y tampoco queremos desastres.

Hay un caso de una famosa cadena de telefonía móvil que, viendo que una de sus unidades iba viento en popa, hizo lo posible por no renovar el contrato de franquicia para quedarse con el local y explotarlo como propio. Era un local en una excelente ubicación y prácticamente sin competencia en el sector en esa zona.

No es una práctica habitual, ya que los franquiciadores saben que el éxito depende en la mayoría de ocasiones gracias a la buena gestión del propietario, pero siempre hay algún listillo y tenemos que evitar que se nos cuele.

Para evitar problemas lo mejor es, pues, cerciorarse de que la duración del contrato de alquiler del local sea la misma o mayor que la del contrato de franquicia.

Un punto positivo muy importante de las cadenas de franquicia serias es ayudar a cada nuevo franquiciado no solo a encontrar la ubicación idónea, sino a negociar el precio y duración del alquiler con el propietario del local. De hecho, en las que tienen implantación, sobre todo, en centros comerciales, es vital esta ayuda porque el franquiciador ya debe saber tratar con la gerencia de estos centros, pues éstos son bastante duros negociando.

Otro aspecto importante a tener en cuenta: cuando examines la duración de tu contrato de franquicia, asegúrate de que tendrás tiempo de recuperar el dinero invertido. Muy especialmente si vas a tener que hacer obra en el local. La obra siempre es lo más caro y su amortización, por mucha caja que hagamos, requiere tiempo ¿Basta con hacer caso de lo que el franquiciador nos diga sobre este asunto en su publicidad?... La respuesta es NO.

Es muy normal que cuando buscamos una franquicia donde invertir, nos den los gastos de inversión de esa franquicia sin contar con la obra del local. Esto es así por varios motivos. Primero, porque es imposible calcular una obra sin saber qué local, en qué condiciones y en qué zona vamos a coger. Segundo, porque si calculamos el tiempo de retorno de la inversión sin esa partida, nos da un tiempo mucho más atractivo, incluso, el monto de la inversión a primera vista es infinitamente menor.

Para reducir riesgos, elabora un plan de empresa lo más detallado que puedas. Analiza con sentido común los datos que te dé el franquiciador y –digámoslo de nuevo– busca asesoría externa. Como ya hemos comentado anteriormente, es muy útil hablar con otros franquiciados. Sobre todo, si los elegimos nosotros y no el franquiciador.

Elimina incógnitas en la renovación

Si como esperamos nuestro negocio funciona como es debido, lo normal es que queramos renovar nuestro contrato de franquicia. Por eso, para evitar sorpresas desagradables, es conveniente tener muy claras desde el principio las condiciones en que podemos efectuar esa renovación.

Para ello, puede venir bien hacerse una serie de preguntas y responderlas con el contrato delante, para valorar correctamente los riesgos a los que nos exponemos. Vamos a ver algunos ejemplos:

En caso de renovación, ¿nos volverán a exigir el pago del canon de entrada? ¿Será obligatorio volver a hacer obra de reforma del local? He aquí dos cuestiones que pueden obligarnos a un desembolso económico –especialmente grande en el caso de la obra– que debemos valorar bien a la hora de analizar nuestro contrato de franquicia y de elaborar nuestro plan de negocio.

Se dio el caso de una franquicia de inmobiliarias que obligaba a todos sus franquiciados a renovar todo el mobiliario (sí, todo) cada dos años, independientemente del estado del mismo. La excusa era que había que mostrar una imagen de modernidad y limpieza. Eso sí, todo el mobiliario se compraba a la central. ¿Adivinas quien sacaba tajada?

Puede ocurrir que mientras el contrato esté en vigor encontremos un local en condiciones más ventajosas –ubicación, precio, distribución del espacio, ...– y pensemos que nos conviene trasladar allí el negocio para hacerlo más rentable. ¿Nos lo permite nuestro contrato? Y en caso afirmativo, ¿en qué condiciones? ¿Mi zona de exclusividad me lo permite?

¿Qué ocurre si decidimos traspasar el negocio? Es muy importante que valoremos bien las condiciones en que puede realizarse esta operación según nuestro contrato, si es que se nos permite hacerla. Existen contratos con cláusulas que establecen explícitamente que cualquier nuevo titular del negocio debe ser aprobado discrecionalmente por el franquiciador. O lo que es lo mismo: que puede ser vetado a voluntad. No es lo más habitual, pero se han dado casos, por lo que es fundamental cerciorarse bien para evitar el riesgo de acabar atados de pies y manos, y perder una oportunidad de negocio, si en un momento dado nos parece conveniente aprovechar una oportunidad de traspasar el negocio de manera ventajosa.

Unos conocidos tenían una franquicia de telefonía móvil que funcionaba muy bien y que por varios motivos decidieron traspasar. Como el responsable de zona no quería un traspaso, sino que estos franquiciados se fueran perdiendo toda la cartera de clientes, a cada candidato que los franquiciados presentaban para el traspaso, lo rechazaban desde la central. Siempre había una pega para que no fuera un candidato apto para el negocio. Estos franquiciados tenían una cláusula vaga y general en la que decía que cualquier candidato debía ser aprobado por el franquiciador sin más. Es muy difícil que un franquiciador dé un perfil exacto de un candidato y nunca podremos terminar de librarnos de estas lagunas, por eso hay que saber que esto puede llegar a pasar.

Otro caso de unos conocidos, con una franquicia de famosas rosquillas americanas que les estaba arruinando, estuvieron más de dos años hasta que por fin les aceptaron a un sustituto para un traspaso. Lo que pasaba de fondo, es que el responsable de la expansión de la zona tenía que dar unos resultados ante sus jefes y tanto cambio en los dueños de los locales no le era favorable.

RESUMEN

Asegúrate de que la duración del contrato de alquiler del local sea la misma o mayor que la del contrato de franquicia.

Echa bien las cuentas para que la duración del contrato de franquicia sea suficiente para recuperar la inversión, incluida la obra civil, que muchas veces no entra en los cálculos.

Fíjate si vienen especificadas las condiciones de renovación y los gastos que conlleva.

Infórmate bien sobre las condiciones de un posible traspaso del negocio o del local.

LA IMPORTANCIA DE LA MARCA

Comentábamos al principio que una de las ventajas de incorporarse a una franquicia es que podemos aprovechar las ventajas de contar con un trabajo previo de promoción, publicidad y marketing, con la garantía de una marca ya establecida y conocida por el público. Y es que crear una marca y hacerla conocida en determinada zona no solamente depende de dinero en publicidad, sino de tiempo y de unos clientes que hablen de esa marca.

Una de las cosas que pagamos –quizá la más importante, y no la más barata– cuando nos sumamos a una franquicia es la marca. Por eso no estará de más que nos aseguremos de que nuestro franquiciador tiene en regla todas las cuestiones relativas su registro, cuyo número debe constar en el contrato de franquicia, y que podremos comprobar en la Oficina Española de Patentes y Marcas. No vaya a ser que le compremos la marca a quien no la tiene. No es que ocurra con mucha frecuencia, pero algún caso se ha dado.

Por lo general, en el mismo contrato de franquicia, al inicio, donde aparecen las partes, suelen estar los números de registro de marcas y las patentes si las hubiera. Comprobar la vigencia es tan sencillo como introducir esos números en la página web de la oficina española de patentes y marcas http://www.oepm.es/es/index.html. Allí podremos ver quién es el titular, el año del registro, cuándo vence y los tipos de registro vigentes (a qué clase de productos o servicios protege y hasta dónde).

En una ocasión, un franquiciador extranjero, no solo no registró su marca en España (registro nacional o internacional), sino que no renovó en los plazos los registros que ya tenía de su país de origen. Esto supuso una gran disputa entre los franquiciadores y la franquicia, ya que se supone que estaban pagando por algo que no existía. Es más, entró un tercero en disputa y registró la marca, con lo que podría haber reclamado derechos a unos y a otros.

RESUMEN

En franquicia la marca lo es casi todo. Asegúrate de que la marca de tu franquiciador está registrada en las zonas donde opere la franquicia y dentro de las categorías que te afectan.

PRODUCTOS, SERVICIOS Y APROVISIONAMIENTO

Hay que tener muy claro desde el principio que en una franquicia se pueden vender solamente aquellos productos o servicios que se especifican en el contrato. Es decir, si tu contrato dice que vas a vender zapatos de la marca "Pepis", y ninguna otra cosa, eso va a ser así siempre, y no vas a poder vender calcetines, por ejemplo, por mucho que veas un filón en ese negocio. Por lo tanto, es muy importante que intentemos valorar si es razonable prever que va a existir demanda de ellos el tiempo suficiente como para que recuperemos la inversión y ganemos dinero. Del mismo modo, si es necesario hacer una inversión importante en maquinaria tendremos que valorar si corremos el riesgo de que se quede obsoleta antes de haberla amortizado.

Los yogures helados o *frozen yogurts* es un caso relativamente reciente. El primero que abrió un *corner* de este tipo tuvo que cerrar porque nadie se acercaba ni siquiera a probarlo. De repente se abrieron decenas de marcas y el mercado se inundó. Todo el mundo quería comer un yogur helado con *toppings* y sin ellos. Y, como suele pasar a menudo, la fiebre bajó y por lo tanto las ventas.

Como comentábamos antes, por principio desconfía de las modas. Piensa siempre que pueden producir una sensación engañosa de gran demanda repentina, que puede desaparecer con la misma brusquedad con la que apareció.

Ten muy presente que, si el producto o servicio que vendes se pasa de moda, o tu maquinaria se queda obsoleta, tu contrato no te permitirá vender otra cosa. Y recuerda lo que hemos dicho antes: cerrar no siempre es una opción demasiado aceptable, si nuestro contrato nos penaliza por cesar la actividad antes del tiempo estipulado.

La mayoría de los contratos de franquicia establecen la obligación de comprar al franquiciador todos los productos que se pondrán a la venta. La principal ventaja es que alguien que conoce bien el negocio será quien controle nuestros consumos –sabrá lo que vendemos y a qué ritmo–, lo cual puede venirnos de perlas para saber si estamos trabajando correctamente o no, antes de que sea demasiado tarde. Esto también nos asegurará que esos productos, presuntamente, han pasado las pruebas de calidad ya que el franquiciador nos va a ahorrar todo el proceso de buscar al mejor (y más barato) proveedor que haya.

Dicho esto, también es cierto que al tener obligación de comprar todo a nuestro franquiciador, nos veremos obligados a pagar los precios que éste marque, y a aplicar los márgenes que a él le parezcan oportunos. Así que, para evitar sobresaltos, lo mejor es que antes de firmar el contrato calculemos bien cuánto tendremos que facturar para pagar la inversión e ir obteniendo beneficios, teniendo en cuenta esos precios y esos márgenes.

Tienes que saber que las franquicias suelen sacar la mayor parte de sus beneficios en los márgenes de venta de productos, no en otras cuotas, como por ejemplo los *royalties*. Por eso, aunque el franquiciador compre en grandes cantidades y revenda, siempre se va a llevar un margen. Se supone que, aun así, al franquiciado le sale más económico que si comprara por su cuenta.

Para ilustrar esto, tomemos el ejemplo de las cadenas de montaditos. Si tú vas a vender el montadito a un euro y la franquicia te lo va a vender a medio euro, ya puedes calcular cuántos montaditos vas a tener que vender para cubrir tus costes.

Esto no se suele mirar con la lupa adecuada ya que en los planes de negocio que nos dan, vemos cifras de venta generales. No es lo mismo ver unas ventas de diez mil euros mensuales brutos que el cálculo de que tienes que dar de comer dos panecillos diarios a más de la mitad de los habitantes de tu población. Así, al ver una cifra general, uno piensa que es posible vender tantos euros, pero al convertirlo en unidades de panecillos igual la cosa no es tan fácil como nos la habían pintado.

Además, para hacer bien el cálculo, conviene que revisemos bien el contrato para saber si éste nos obliga a comprar al franquiciador más artículos que los que pondremos a la venta, qué artículos son ésos y a qué precio, claro... Ojo, porque en este capítulo puede estar incluida casi cualquier cosa: desde los uniformes de los empleados, a los productos de limpieza del local, pasando por los muebles, los objetos de decoración, el *software* de gestión del negocio o las bombillas. Esto es algo bastante frecuente en los contratos y representará un parte muy importante de nuestro presupuesto. Ten en cuenta que los precios y márgenes que te ofrecerá el franquiciador no suelen ser negociables, ni tienen por qué ser iguales o más bajos que los que encontrarías en el mercado (aunque deberían serlo). Al fin y al cabo, el franquiciador te está vendiendo algo más que el producto: te vende una marca y un sistema de trabajo ya implantados, y eso tiene un precio. Lo mejor es analizar este capítulo muy detalladamente, para saber si podemos, o queremos, asumirlo.

Finalmente, para mantener un ritmo adecuado de ventas, es necesario contar con un sistema de reposición que nos garantice que siempre tendremos disponible el *stock* que necesitemos. En algunos contratos de franquicia se define un ritmo de reposiciones que conviene que revisemos bien a fondo, para evitar tanto desabastecimientos como aumentos de *stock* que no deseamos.

Un ejemplo muy extremo es lo que han reportado los franquiciados de una famosa cadena de supermercados. Según cuentan, aparte de venderles más producto del que necesitaban y hacerles vender por debajo de su coste, les habían cobrado más stock del que los franquiciados en realidad reportaban. De esta forma la franquicia aumentaba las ventas, y el franquiciado se ahogaba entre promociones obligatorias, un stock que no conseguía sacar, mucho del cual eran productos perecederos. No es algo que pase habitualmente, pero hay que tener sistemas de control internos en todos los casos para evitar la picaresca.

También es importante tener controlados los tiempos de reposición. Si tu franquiciado te sirve género todos los lunes, tienes que tener suficiente stock para llegar a la siguiente fecha de reparto. No vaya a ser que encima de quedarte sin poder vender a tus clientes, te caiga una penalización por ello. Recuerda que una vez que estás dentro de un sistema de franquicia, ya no vas a ser el cliente tipo al que hay que mimar y servir lo antes posible, sino que vas a formar parte de un sistema ya establecido y que raramente podrás cambiar.

RESUMEN

Piensa dos veces antes de meterte en una franquicia de gran expansión en un momento de moda del producto o servicio. Puede que no te dé tiempo de recuperar la inversión.

Entérate bien de todos los precios de compra y de venta de todo lo que vas a necesitar para operar, no solamente los productos de venta al público.

Ten muy claro cuáles son los plazos de reposición, cómo controla tu stock el franquiciador, tu stock mínimo obligatorio y las posibles sanciones derivadas de un desajuste o una falta de producto.

---

http://www.publico.es/economia/supermercados–dia–guerra–franquiciados–arruinado.html
https://www.economiadigital.es/directivos–y–empresas/dia–arruina–familias_400635_102.html

PRECIO Y CONDICIONES DE PAGO

Ya hemos hablado de la importancia de conocer los márgenes que marca el franquiciador. Asegúrate de que constan en el contrato de manera concreta y clara. No te fíes de generalidades, porque necesitas conocer ese dato con exactitud para saber si tienes posibilidades de rentabilizar tu negocio y hacer un cálculo aproximado, medianamente razonable, de cuánto dinero puedes ganar y en cuánto tiempo.

Los contratos suelen estipular que los precios son "fijos"; que el franquiciado no puede modificarlos a voluntad propia, aunque crea que eso le beneficia. Esto significa que por mucha demanda que tenga un artículo no podremos venderlo más caro. Tampoco, por el contrario, podremos bajar de precio ese otro artículo, que no se ha vendido tan bien, para saldarlo y hacer sitio en las estanterías. Se comprende que esto último tiene especial importancia si lo que vendemos es perecedero, porque nos arriesgamos a vernos obligados a tirar género sin tener gran capacidad de maniobra para evitarlo.

Cuidado con las promociones. Comprueba si tu contrato te obliga a hacerlas y en qué términos exactamente. Por ejemplo: ¿quién asume el coste de las ofertas de artículos rebajados? Es frecuente que sea el franquiciado, o sea tú. Es cierto que los precios bajos atraen clientela, pero no es menos cierto que los márgenes que pueden verse reducidos serán los tuyos, y no necesariamente en los artículos que a ti te convenga más, o en el momento que te parezca mejor, sino cuando lo decida el franquiciador.

Otro ejemplo tramposo: imagínate que tú firmas tu contrato de franquicia en el que te dan un anexo de los precios tanto de compra como de venta de todos los productos que vas a tener. Todo perfecto, porque tú te piensas que estás firmando unas condiciones muy transparentes, sobre las cuales vas a hacer tus números. Pero te olvidas que también has firmado una cláusula que dice que el franquiciador puede sacar ofertas (por supuesto, en *tu* beneficio) cuando y como quiera.

Entonces tú, que tienes una franquicia de bocadillos de calamares, un día llegas y te encuentras que tienes que sacar una oferta con un 50% de descuento durante una semana al mes. Eso quiere decir que vas a ganar un 50% menos en tus ventas brutas y vas a seguir pagando lo mismo por el género. Si estás en el centro de Madrid capital, quizás te vaya bien, porque venderás mucha más bebida y compensarás la oferta. Puede que ganes incluso. Pero si están en un polígono de Albacete, quizás lo que haga esta oferta es hundirte un poco más. Y como la franquicia ha decidido que las ofertas son para todas las unidades, tú, quieras o no, la vas a tener que sacar.

Una cosa muy importante que no se suele tener en cuenta es si la franquicia te da facilidades de pago o no. No es lo mismo hacer liquidaciones de pedidos a final de mes que pagar por adelantado todo el género.

También es interesante saber cómo se gestionan las devoluciones en plazos y forma.

http://www.eleconomista.es/empresas–finanzas/consumo/noticias/5474385/01/14/2/Rebelion–en–100–Montaditos–las–franquicias–se–unen–contra–las–ofertas–que–fija–la–marca.html

RESUMEN

Asegúrate de conocer bien los precios de compra y de venta.

No dejes de preguntar quién absorbe las diferencias de precio a la hora de sacar descuentos.

Si es posible, entérate qué promociones se hacen a lo largo del año tanto en fechas, duración y coste que tienen para ti.

ACUERDOS CON TERCERAS PARTES

Existe la posibilidad de que tu contrato permita al franquiciador llegar a acuerdos con terceras partes para que vendan tus productos o servicios a cambio de una comisión.

Por ejemplo, si tu franquicia es un restaurante, el franquiciador puede llegar a un acuerdo con alguien para que te lleve clientes, a cambio de un precio cerrado y una comisión, que pagará... ¡Lo has adivinado!, muy probablemente, tú.

Existen muchas posibilidades de acuerdos de este estilo con terceras personas, que sin duda van a afectar a tus márgenes de beneficio. Por eso merece la pena examinarlos detenidamente, calculadora en mano, antes de decidir si nos parecen asumibles o si suponen rentabilidad para todos, menos para nosotros.

Como ejemplo ilustrativo, el siguiente. Quizás hayas visto unas cajitas de "experiencias" en centros comerciales. Con esas cajitas tú puedes ir a un centro de estética, a un hotel o a conducir un coche deportivo. Pues bien, tú vas a ser el centro de estética o el hotel que va a recibir al cliente, que te va a venir con estas cajitas. Le vas a dar el servicio y la empresa de las cajitas te pagará lo que se haya pactado, que ya te adelantamos va a ser menos de la mitad de lo que cobrarías normalmente. Y lo vas a hacer porque te han dicho que el dinero que dejas de ganar lo tienes que considerar una inversión en publicidad. Sí, se supone que estas personas que te vienen a través de estas cajas, van a volver y ser tus clientes fieles desde ese momento.

La verdad es que pocos de esos clientes se fidelizan, ya que solamente quieren que no se les caduque ese regalo que les han hecho en Navidades. Así que va a ganar la empresa de las cajitas, el centro comercial que las vende y tú vas a dar un servicio, seguramente por debajo de tu coste. Y quien dice cajitas, dice páginas web de ofertas agresivas.

El consejo que te doy es que valores mucho el coste beneficio de las comisiones a terceros que presuntamente te van a traer clientes. Casi siempre este tipo de colaboraciones el que gana es el comisionista, no el que "invierte" en publicidad.

RESUMEN

La entrada de comisionistas o terceras partes, sobre todo en lo relacionado con las promociones y publicidad no suele estar definida en el contrato de franquicia.

Intenta aclarar en qué posición quedas tú en caso de la introducción de un canal nuevo de promoción.

SOBRE LA VENTA *ONLINE*

El comercio *online* no para de crecer y es más que probable que tarde o temprano nos afecte de un modo u otro, si es que no lo ha hecho ya. Por eso es más que conveniente que sepamos exactamente de qué modo lo hará según nuestro contrato.

Es bastante frecuente que el franquiciador disponga de un sistema de venta *online* que haga reservas o ventas de nuestros productos y servicios en la red, por lo que nos conviene conocer bien en qué condiciones se van producir esas ventas.

Siguiendo con el ejemplo del restaurante, supongamos que el franquiciador hace reservas para nuestro local por Internet, a un precio cerrado que cobra también *online*... ¿Cómo afecta eso a nuestras propias ventas? ¿Cuánto se reducen nuestros márgenes? ¿Puede hacernos perder clientes que pagarían el precio normal de la carta? ¿El franquiciador se lleva una comisión por facilitarnos la clientela? ¿Cuándo nos paga? ¿Paga en dinero, o sólo en género?... He aquí algunas de las preguntas de cuya respuesta depende en buena parte la rentabilidad de nuestro negocio... y probablemente cada vez más, puesto que como decíamos al principio, el comercio a través de la red no para de crecer.

Así que ten claro el margen que pierdes, si te hacen competencia directa desde la central, y las ventajas directas que sacas de este sistema.

RESUMEN

Si el franquiciador tiene sistema de venta online, entérate de las comisiones que te van a tocar a ti.

Asegúrate que el franquiciador no te haga competencia directa con el canal de venta online, sino que sea un apoyo para que tú vendas más.

OBLIGACIONES FINANCIERAS DE LOS FRANQUICIADOS

Canon de entrada

Ya hemos comentado al principio que muchas franquicias nos pedirán un canon de entrada: una cantidad que hay pagar por el hecho de usar la marca y unirnos a la red comercial.

Antes de firmar conviene estar razonablemente convencido de que esa cantidad que vamos a pagar merece la pena. Las cantidades varían muchísimo de una franquicia a otra. Por poner dos ejemplos, algo extremos pero reales, los cánones pueden ir desde un millón de euros a nada en absoluto, por lo que se hace necesario reflexionar sobre qué es exactamente lo que la marca nos da a cambio de ese dinero que pagamos. Y pensar también que si no se te cobra nada, lo más probable es que no se te dé nada a cambio, o se lo cobre después indirectamente. Por desgracia, los regalos son cosa poco frecuente.

A continuación te presento algunas reflexiones que nos pueden ayudar a descubrir si lo que pagamos por el canon de entrada se corresponde con lo que recibiremos a cambio.

Lo primero es averiguar si estamos hablando de una marca asentada en el mercado, si es lo suficientemente conocida y si existe una percepción positiva de ella entre sus clientes potenciales.

Pongámonos serios. Hay marcas que conoce todo el mundo y otras sólo conocidas en un determinado sector. También hay marcas que a ti te pueden parecer conocidísimas, pero que si le preguntas al primero que te encuentras por la calle, lo más seguro es que no sepa de qué le estás hablando.

Te contarán que es una marca conocida, que tienen ya varias unidades abiertas, que venden muchísimo y que se expanden muy rápido. La verdad es que es imposible valorar lo que cuesta una marca en realidad. Hay múltiples fórmulas matemáticas, pero al final, es un concepto completamente subjetivo. Así que tienes que valorar si lo que pagas te merece la pena, sin más.

Cuanto más extendida está una franquicia, mejores precios consigue en sus compras colectivas para abastecer a los franquiciados. Puedes considerar, pues, el pago del canon de entrada como una especie de "anticipo" de esos buenos precios que podrás obtener. Así que, una vez más, prepárate a echar cuentas: ¿cuánto tiempo necesitarás para recuperar el canon de entrada? ¿Cuánto tendrás que facturar para conseguirlo? Estudia los márgenes de beneficio que deben constar en tu contrato –la diferencia entre el precio al que compras con el precio al que vendes– y saca tus conclusiones: ¿merece la pena pagar esa cantidad que te piden por unirte a la marca?

Por ejemplo, si vas a vender helados, lo que se supone que ha hecho el franquiciador es gastar previamente un dinero en dar con la mejor fórmula hasta la fecha y con el proveedor que mejor calidad precio haya podido encontrar. Hay sectores en los que, con un poco de dedicación, uno mismo puede dar con unos proveedores y unos artículos de venta relativamente buenos bastante rápido, aunque a priori no conozcas el mundillo en cuestión.

En otros negocios en cambio, puede ser un i+d que lleve años y que tú no seas capaz de aguantar ni en tiempo ni financieramente por tu cuenta. Ahí es donde radica el valor que te están dando con una marca consolidada.

Y es que crear una marca como por ejemplo McDonalds cuesta dinero y tiempo. Es verdad que tú puedes montar una hamburguesería y hacerlo muy bien por tu cuenta, pero si lo que quieres es aprovechar la fama, la publicidad, el reconocimiento y unos procedimientos que te van a "garantizar" de algún modo el éxito, ya sabes lo que tienes que hacer. Por ello, cuando te vendan un canon de entrada como una marca de éxito, esto es lo que tienes que valorar. Si verdaderamente estás pagando por algo que existe más allá de la imaginación de un grupo de personas.

Una de las ventajas de unirse a una franquicia es que nos sumamos a un sistema de trabajo, a una forma de hacer las cosas, cuya funcionalidad y éxito han sido ya comprobados. Para asumir esos procedimientos es necesario un aprendizaje, una formación que debe facilitarnos el franquiciador. Conviene que estudies a fondo el plan de formación que te ofrecen, cuáles son sus contenidos y de cuántas horas consta. Y, sobre todo: comprueba si la formación está incluida en el canon de entrada o has de pagarla a parte.

Vas a unirte a una empresa de la que sabes muy poco y vas a tener que hacer las cosas como ellos te digan. Asegúrate de que te lo enseñan todo, a ti y a tu equipo. No te quedes con que todo viene en los manuales que te tienen que dar por ley. Esos manuales en los que se describen todas las áreas de la empresa y cómo se ha de proceder. Eso siempre será un apoyo o un libro para echar un vistazo cuando tengas dudas.

Pregunta qué áreas de formación vas a tener, quién va a impartir la formación, cuántas horas de cada área, si tus empleados tendrán formación y cada cuánto tiempo, dónde será la formación y quien la paga. Si te dicen que el canon de entrada incluye formación inicial, pregunta qué pasa después de esa formación y cómo se resuelven las dudas una vez empezado el negocio. No vaya a ser que te sientas abandonado con razón en mitad de un problema que además no sabes cómo resolver, y que, si lo resuelves mal, te van a penalizar.

Muchas veces, el franquiciador da una formación inicial de ciertos procedimientos del negocio, pero ten en cuenta que hay otras áreas del negocio que tienes que saber tú. Por ejemplo, todo lo relacionado con la contabilidad, la gestión de la empresa, impuestos, contratos, ... todo eso es cosa tuya y nadie tiene porqué enseñarte nada. Tú eres un empresario independiente y como tal, tienes que saber llevar una empresa.

Fíjate si en el canon de entrada incluye el coste de la asesoría sobre la localización de tu negocio y sobre las características del local que necesitas.

No vaya a ser que cada visita a los locales —mientras estás en la búsqueda del tuyo— te sea cobrada a precio de oro por los expertos que van a decir si sí o si no es tu local ideal.

¡Mucho ojo con las franquicias exentas del canon de entrada! Si no disponen de una marca de prestigio, una formación, una asesoría, ¿qué es exactamente lo que te están ofreciendo? Si la única aportación del franquiciador es exigirte que compres *stock,* ándate con pies de plomo: muchas de estas franquicias –no todas, claro– no son otra cosa que organizaciones de venta piramidal encubierta. Seguramente la idea que tú tenías no era invertir tus ahorros en una empresa *multinivel*.

¿Te imaginas una franquicia que no tiene ni canon de entrada ni *royalties*? Pues las hay. Ahora te preguntarás que cual es el beneficio, más allá de venderte el producto, si es que lo hay. Pues ahí lo tienes.

Por ejemplo, imagínate que te unes a una "franquicia" de venta de zapatos. No hay ni canon de entrada ni *royalties* ni nada de nada. Tú te alegras porque así no tienes que invertir casi dinero. La única cláusula más o menos importante es que tienes que comprar los zapatos al franquiciador. Parece todo correcto, ¿no?... Ahora piensa en la diferencia entre este escenario y la opción de ser un comercial o distribuidor de zapatos. Siendo comercial o distribuidor, no adelantas dinero ni tienes un stock que te puedes "comer" si la cosa no va bien. Ahora bien, el "franquiciador" estará encantado contigo porque tú te piensas que eres un empresario mientras que él se ahorra pagar a un comercial motivado a tiempo completo.

Esto, además, podría agravarse si te obligan a comprar una cantidad determinada de género cada cierto tiempo, y tú no eres capaz de darle salida.

En el caso de los servicios es algo similar. Hay "franquicias" de servicios informáticos, por ejemplo, que te "ceden" a clientes a cambio de una comisión de lo que les factures tú. Es decir, que tú eres un programador informático, por ejemplo, sentado en tu casa en Badajoz y a través de la web de la "franquicia" entra un proyecto de un cliente en Badajoz. La franquicia te lo deriva, a cambio de que tú le pagues un porcentaje del precio final. Esto, al fin y al cabo, son sistemas enrevesados de tener una red comercial a comisión y llamarlo franquicia es, por así decirlo, un pequeño engaño para aquellas personas que sueñan con ser su propio jefe o un empresario de éxito.

Royalties

Los *royalties* son pagos recurrentes que te acompañarán con una fidelidad implacable mientras dure tu relación con la franquicia. Por eso merece la pena que te detengas a analizar detenidamente cuánto, cómo y por qué conceptos tendrás que pagar. Estos *royalties* pueden ser fijos, variables o una mezcla de ambos.

> FIJOS: Suelen actualizarse con el IPC, o puede que con otro índice que forzosamente tendrá que figurar en tu contrato. Comprueba, pues, cómo se actualizará en tu caso y qué incremento anual puede suponer eso para ti.

Hay marcas que para "darte una facilidad" los primeros años, te van subiendo los *royalties* no solo con el IPC, sino en un porcentaje bastante importante.

Ten en cuenta que este *royalty* te lo van a cobrar factures cien o cero y, en ocasiones, es una suma que podría representar casi el sueldo de un empleado.

VARIABLES: En este caso, la cantidad se calcula con respecto de la facturación: cuanto más dinero entra en la caja, más *royalties* hay que pagar. En este caso, es muy importante conocer cuáles son exactamente esos cálculos, y cómo los realiza el franquiciador, para hacerlos exactamente igual y evitar sorpresas –que en estos casos suelen ser casi siempre desagradables– en caso de discrepancia.

Si el franquiciador piensa que le estás engañando con la facturación, va a haber un problema. Las maneras de controlar tu facturación van a ser, por un lado, a través del terminal y del software que va a gestionar tu negocio y por otro lado, del stock que le estés comprando al franquiciador. Para ser más gráficos: si le compras dos panecillos, tienes que vender dos panecillos. Si resulta que dices que vendes un panecillo, te va a preguntar dónde está el otro. En hostelería va a haber un margen de error, por supuesto por perecederos, género estropeado en la elaboración, etc., pero si vendes teléfonos móviles ya puede cuadrar la cosa al céntimo.

También es importante saber si este *royalty* variable aplica a tu facturación bruta o si no es así, a qué parte exactamente. También, depende de lo mucho o poco que esperes facturar, esta partida puede incrementarse bastante. Asegúrate si hay o no, un pago mínimo en caso de que tu facturación sea escasa.

Puesto que estamos hablando de unos pagos que tendremos que realizar a lo largo de toda nuestra relación con la franquicia, merece la pena que analicemos con cuidado qué se nos da a cambio de nuestro dinero. Los conceptos suelen ser los siguientes:

POR USAR LA MARCA: Ya hemos hablado de esto. Cuanto más conocida, asentada y prestigiosa sea, más se justificará el dinero que paguemos por usarla.

Pregúntate cuántas veces vas a pagar por la marca y, como ya hemos dicho, si esa marca de verdad lo vale o podrías vivir sin ella.

POR LA ASISTENCIA QUE NOS PRESTE EL FRANQUICIADOR: Procura averiguar qué asistencia será ésa exactamente. Además de revisar a fondo qué dice tu contrato sobre ello, si estabas buscando un buen momento para hablar con otros franquiciados, éste es inmejorable: ¿están satisfechos de la asistencia recibida del franquiciador?

Esto es un filón para las quejas y los enfados entre el franquiciador y el franquiciado. Cuando nos venden los *royalties*, casi siempre es por el apoyo y la formación. Luego, a la hora de la verdad, todo eso como que se olvida. Tú vas a pagar todos los meses, haga frío o calor, pero ¿cada cuánto te van a dar a ti formación? Y me imagino que, si viene incluida en el *royalty*, no tendrás que volver a pagarla, ¿o sí?

Cuando tienes un problema del tipo que sea y que no sabes resolver —un cliente enfadado, un problema con el software que no funciona, ...— ¿se te va a resolver inmediatamente? ¿O solo los lunes de 9:00 a 17:00? Pregunta si todas las horas de funcionamiento del negocio habrá alguien que te de soporte y en qué áreas va a ser eso.

PUBLICIDAD: Uno de los motivos por los que las franquicias son atractivas es que nos permiten beneficiarnos de los efectos de una publicidad que sería inalcanzable económicamente haciendo la guerra por nuestra cuenta. Razón de más para comprobar de manera fehaciente en qué se gasta exactamente el presupuesto de publicidad, al que contribuyen todos los franquiciados. No tengas ningún reparo en pedir las facturas pagadas por este concepto. Del mismo modo, asegúrate de que ese dinero está bien aprovechado, de manera que no sólo se recupere lo invertido, sino que haya quedado demostrado que ese gasto en publicidad nos permite vender más y obtener más beneficios. En definitiva: asegúrate de que la inversión en publicidad se rentabiliza, sobre todo porque en algunos casos es una inversión más que considerable.

La publicidad puede ser en cualquier formato: folletos, anuncios en internet, radio, prensa, televisión, regalos a influencers, carteles, eventos, ... Entérate bien qué publicidad vas a pagar tú y cuál va a pagar el franquiciador.

La lógica de la franquicia te dirá que, por ejemplo, un anuncio en televisión, que es casi lo más caro, será pagado de esta aportación en común de todos los franquiciados. Si es así, asegúrate que se hace y mira bien las campañas, si traen clientes, si ayudan a la marca y si tienen sentido —usando el sentido común—.

Por poner algunos ejemplos, en la actualidad ya se empieza a dudar de la efectividad de regalar productos o servicios a presuntos *influencers* en Instagram o en YouTube. No hace mucho, las partidas podían ser considerables y el retorno pocas veces era mayor que nada. Igualmente, el buzoneo de folletos con promociones que hace unos años era casi lo único que hacía traer clientes con una inversión relativamente pequeña, hoy se considera poco más que tirar dinero a la basura. Por ello hay que informarse bien de qué canales publicitarios se va a potenciar y si es posible la medición de resultados.

Por otro lado, seguramente tú tengas que pagar ciertas partidas publicitarias, algunos carteles, quizás folletos personalizados de tu local. Mira a ver quién los diseña, si puedes usar tu imprenta, si puedes inyectar más dinero a partidas publicitarias o si no puedes hacer nada más que pagar este *royalty* y esperar que todo se haga bien de una forma opaca.

La mayor queja de los franquiciados a este respecto es que el dinero recaudado se emplea para abrir más unidades franquiciadas, es decir, para hacer crecer la red. Te dicen que los anuncios en medios afectan positivamente a todas las unidades, pero muchas veces son anuncios en medios económicos y de emprendedores. Este tipo de anuncios, que van a buscar a otros que quieran abrir una franquicia, deberían ser pagados con dinero de la central. El gasto común debe ir a anuncios en medios generalistas o especializados en lo que haga la marca. Por ejemplo, a ti, tienda de arreglos de ropa, te va a dar bastante igual salir en el periódico Expansión hablando de lo mucho que facturas, pero igual sí te interesa salir en revistas de moda o tertulias radiofónicas.

RESUMEN

La mayoría de las franquicias te van a cobrar canon y *royalties*.

Estudia bien qué servicios se te dan no sólo a la entrada en la franquicia, sino de forma recurrente.

Asegúrate que sabes la formación que te van a dar y en qué condiciones.

Los *royalties* pueden ser fijos, variables o mixtos. Ten claro lo que te van a cobrar, cómo te lo van a cobrar y en qué conceptos.

SABER HACER (O *KNOW HOW*)

Los manuales

Una franquicia se crea cuando se es capaz de replicar el sistema de forma que pueda ser utilizado de manera idéntica por todos los franquiciados. Y para que sea posible replicar el sistema es imprescindible definirlo claramente, cosa que se hace en los manuales que edita el franquiciador, donde se explican detalladamente todos los procesos de la franquicia. Podemos decir que, sin estos manuales, no hay franquicia que valga.

Es poco probable que te entreguen esos manuales antes de que firmes, por lo que no podrás revisar su contenido, pero siempre podrás preguntar a otros franquiciados (recuerda: elegidos por ti, no por el franquiciador) si les han servido de algo en algún momento. Los otros franquiciados seguramente no podrán enseñártelos por eso de la cláusula de confidencialidad. Cuanto más claros, concretos y detallados sean los manuales, más sencilla y eficiente será la operativa, sobre todo al principio.

Algo que debes aclarar con el franquiciador – y mejor aún si consta en tu contrato– es cada cuánto tiempo, o en qué circunstancias se actualizan estos manuales. Una actualización anual puede considerarse razonable y suficiente para no correr el peligro de que los procedimientos se queden obsoletos.

Para que te hagas una idea de lo importante que es este punto, tienes que saber que hay algo llamado *Código Deontológico de la Franquicia*. Este documento define lo que debería ser una franquicia. En este documento dice expresamente que una franquicia consta, a rasgos generales, de la conjunción de tres elementos: 1. La marca 2. El saber hacer y 3. Productos y/o servicios.

Es decir, que el saber hacer es algo clave dentro de una franquicia. **Si la franquicia no te aporta algo novedoso o diferente que tú no seas capaz de hacer sin la franquicia, eso es que estás pagando por nada.** Por ejemplo, si vas a montar una franquicia inmobiliaria y el franquiciador no tiene una forma de gestionar y de proceder que te vaya a enseñar, ya puede tener una marca de reconocidísimo prestigio para que tú vayas a pagarle por trabajar con él.

Una definición muy buena del "saber hacer" es *un conjunto de informaciones prácticas, no patentadas, resultantes de la experiencia del*

Franquiciador y probadas por él. Es secreto, sustancial, e identificado.

Secreto significa que la forma de trabajar o el producto (patentado) no es conocido en general, ni resulta fácilmente accesible. No se refiere que sea un secreto guardado en una mazmorra y que si algo se filtra sea una catástrofe, sino más bien son procedimientos que el franquiciador ha tardado en dar con ellos y ha sido fruto de una experiencia de trabajo y tiempo. En el caso de los productos, una patente es casi imprescindible porque si no, los amigos asiáticos te van a quitar del medio antes de que quieras reaccionar.

Este saber hacer debe incluir información no solo del producto o servicio, sino de la presentación para su venta, la relación con la clientela y la gestión administrativa. De esta forma, el franquiciado puede mejorar su posición competitiva en el mercado de forma más rápida y con mejores resultados, especialmente si es un mercado que no conoce.

Por lo general te tienen que dar, entre otros, los manuales que definan tu relación con la franquicia (por ejemplo, qué hacer en caso de duda), un manual de recursos humanos (qué tipo de gente tienes que contratar y cómo hacer una correcta selección y contratación), un manual operativo (cómo vas a hacer tu día a día para que entre dinero a tu bolsillo), y un manual de marketing (cómo vas a hacer para que tus clientes te conozcan y te prefieran a ti). A partir de ahí, cada tipo de franquicia puede añadir manuales que sirvan para su funcionamiento concreto, pero sin estos básicos no hay nada que hacer.

Además, por ponerte un ejemplo sencillo, no es lo mismo que en el manual de recursos humanos te diga "tienes que contratar a señoritas rubias para la recepción que hablen inglés" a que te digan "la recepción deberá contar con señoritas rubias que hablen inglés, que tengan habilidades probadas de informática, que tengan más de cinco años de experiencia en puestos administrativos y que puedan hacer jornadas partidas. Además, primero harás contratos temporales y después de una formación de cuatro semanas en la central, habiendo pasado todas las pruebas, se le amplía el contrato a indefinido".

Tú solo piensa que todo lo que no esté definido en los manuales, vas a tener que preguntar o improvisar. Si eliges lo segundo, tienes muchas opciones a equivocarte. La franquicia podrá penalizarte o no, pero el tiempo y dinero que pierdes, se supone que ya lo estás pagando a la franquicia para que te evite pasar por este tipo de cosas.

Y te preguntarás si el franquiciador corre más riesgo de que le copien por difundir su manera de funcionar y que probablemente no ponga todo lo que sabe sobre el papel. Como respuesta te puedo hacer alusión a cuando un grupo de amigos se junta en un bar y uno dice que tiene una brillante idea para un negocio, pero que no va a contarlo a nadie para que nadie se lo copie. Si has tenido un negocio alguna vez, sabrás que no solo de buenas ideas viven los empresarios, sino de ponerlos en práctica y trabajar duro día a día.

Por clarificarlo con algún ejemplo. Yo te puedo contar con pelos y señales como hacer un corte de pelo moderno, como promocionarlo en las redes sociales y como preguntar a los clientes por sus hijos durante el servicio. También te puedo decir que, si les ofreces una copa de champán, seguramente tengas más oportunidades de que vuelvan. Ese es mi secreto y tú ya lo sabes. Ahora te toca a ti explotar esa gran idea con todo lo que acabas de aprender. Creo que ya sabes por dónde voy.

Todo el mundo tiene ideas geniales a diario y se las da de saber mejor que nadie de cómo llevar un negocio. Incluso hay gente que, sin saber nada de ti ni de tu sector, te van a decir lo que estás haciendo mal. A mí me pasa muy a menudo. Pero recuerda y que no se te olvide, que el 80% de los negocios fracasan por la operativa, es decir, que no se saben llevar desde la idea hasta la práctica.

Así que encárgate de saber si tus manuales de franquicia están completos. Si no es así, puedes sospechar que tu franquiciador aún tiene algo que aprender.

Formación

La mejor vacuna contra los errores que pueden afectar negativamente al negocio es una formación adecuada, en eso ya hemos insistido antes. El franquiciado necesita que se le transmita claramente hasta el mínimo detalle del funcionamiento del negocio. La formación debe ser, además, continua y ponerse al día periódicamente, y siempre que se incorpore algún procedimiento nuevo, o haya cualquier cambio en la identidad de la marca. El franquiciador debe transmitirnos eficazmente ese conocimiento, porque es la clave para replicar de manera satisfactoria un sistema exitoso de trabajo.

Por eso precisamente hay algunas cosas que debemos tener muy en cuenta, y no sólo porque pueden afectar a la formación que necesitamos, sino porque también pueden tener consecuencias para nuestro bolsillo.

Hay tres preguntas clave que debes hacerte cuando analices este asunto:

> ¿QUIÉN PAGA LA FORMACIÓN? ¿Ésta incluida en los *royalties* o en el canon de entrada, o se paga aparte? En ese caso, ¿cuánto nos va a costar? ¿Hay razones para pensar que puede recuperarse la cantidad que paguemos en un plazo razonable?

Ten en cuenta que si la formación no viene incluida en los *royalties* o en el canon de entrada, seguramente sea una partida bastante cara. Las formaciones se suelen cobrar por horas o días a precio de oro.

¿QUÉ INCLUYE EXACTAMENTE? Si lo necesitas, busca que quien te asesore para asegurarte de que el contenido que se te ofrece es el necesario para que nuestro negocio gane dinero.

Entérate bien de los contenidos para sean suficiente para realizar tu trabajo de forma independiente y que no sea sólo un cursillo introductorio de dos horas. Habrá quien te remita a leer los manuales de franquicia. Puedes estar seguro de que no va a ser suficiente.

¿DÓNDE SE IMPARTE? Dato muy importante, sobre todo si cabe la posibilidad de que sea lejos, como suele ocurrir con algunas multinacionales. Esto podría causarte gastos con los que no contabas, además de hacer necesaria una disponibilidad de tiempo, que quizá no tengas.

Se supone (pero solo se supone), que el canon de entrada incluye una formación inicial. Vale que te hagan una semana o el tiempo que sea hasta que aprendas a manejarte solo en tu tienda. Y después, ¿a tus empleados los vas a formar tú? ¿O tiene que venir alguien de la central a formarlos? ¿Y ese coste viene en el plan de inversión que te han dado? ¿O como es algo "opcional" no viene en los plazos de recuperación de tu inversión?

Además, asegúrate que te enseñen no sólo a poner la lechuga en las hamburguesas o a tirar una caña en condiciones, sino cómo seleccionar a tus empleados, cómo tratar con un cliente insatisfecho o cómo ver si tu negocio va bien o es mejor echar el cierre.

Si tu central franquiciadora está en una provincia o país distinto al que tú tienes tu franquicia, vas a tener que tener muy claro si pagas tú los viajes y las estancias a la central para formarte, o vienen ellos a donde tú estés y te va a tocar pagar un buen hotel y unas comidas que no son de menú.

RESUMEN

Toda franquicia tiene que tener un saber hacer propio resultante de su experiencia. Ese saber hacer tiene que estar definido en los manuales de franquicia. **Sin manuales de franquicia no hay franquicia**. Estos manuales han de ser lo más completos posible. En ellos deberá estar definidas todas las áreas del negocio.

El franquiciador tiene que poder transmitir el saber hacer a sus franquiciados a través de la formación y de los manuales de franquicia.

La formación es clave y tiene que estar claro quien la imparte, donde, cuando y a qué coste.

NO HARÁS LA COMPETENCIA AL FRANQUICIADOR (Y VICEVERSA)

Es casi seguro que en tu contrato habrá una cláusula que te impedirá hacer la competencia a tu franquiciador con un negocio igual o similar. Lo más frecuente es que esta prohibición se mantenga incluso un tiempo después de que concluya la relación contractual con la franquicia, por el motivo que sea. De hecho, lo más probable es que ni siquiera puedas participar como socio en ningún negocio parecido, hasta pasado un buen período de tiempo. O lo que es lo mismo: si lo que tenías en mente era introducirte en un negocio determinado – con la garantía de asociarte a una marca de prestigio y utilizando procedimientos que han demostrado ser eficaces–, para una vez terminado tu contrato establecerte por tu cuenta en el mismo negocio u otro similar, es mejor que te olvides. Es muy poco probable que tu contrato te permita hacer tal cosa.

Esto puede afectarte de muy diversas maneras. Por ejemplo, si el local en el que piensas abrir el negocio es propiedad tuya, el contrato de franquicia puede prohibir que a su término el local se dedique a una actividad similar. Piensa que si aceptas esa cláusula puedes perder las mejores opciones de alquilar.

Supongamos que eres dueño de un local con cocina, salida de humos y licencia municipal en vigor para un negocio de hostelería. Todo esto no valdría de nada si tu contrato impide que allí vuelva a instalarse un restaurante o negocio parecido en los próximos cinco años.

Y ya para rizar el rizo, imagínate el caso en el que tú eres de profesión comercial de zapatos, con una base de datos de clientes que has conseguido con años de dedicación y esfuerzo. De repente ves la oportunidad de crecer y ganar más dinero con una franquicia de zapatos que te promete todo aquello que tú solo no has conseguido. La cosa no funciona y decides volver a ser un vendedor autónomo. Pero espera, porque has firmado una cláusula en la que no te puedes dedicar a lo mismo en dos años y, además, los clientes con los que has estado tratando, ahora pasan a ser clientes de la franquicia, con lo que estarías entrando a incumplir una cláusula de no competencia que, en el peor de los casos, haría que tuvieras que indemnizar al franquiciador con una cantidad de dinero nada desdeñable por seguir vendiendo tus zapatos a quien lleva años comprándotelos.

Así que sí: te quedas sin trabajo, sin el dinero invertido en la franquicia y decidiendo en qué otro sector te vas a meter que no va a poder ser nada relacionado con lo que has estado haciendo toda tu vida.

¿Y viceversa?

Así como es casi seguro que se te prohibirá establecerte por tu cuenta con un negocio similar, las obligaciones del franquiciador para con los franquiciados no suelen estar tan claras en el contrato con respecto a este asunto.

Ya hemos comentado antes que es frecuente que la franquicia se comprometa a no abrir otra unidad igual a la tuya en las cercanías de tu negocio. Lo que es no es tan seguro es que el franquiciador se comprometa a no abrir otro negocio similar al tuyo, justo a tu lado si le da por ahí, pero con otro nombre. No es lo más habitual, pero puede ocurrir y de hecho ocurre. Así que, para evitar sorpresas desagradables, procura tener claro que las obligaciones de franquiciador con respecto a la no competencia son equivalentes a las tuyas. Si no es así, como decimos siempre, procura valorar objetivamente si merece la pena asumir el riesgo de aceptar esa cláusula de no competencia, o es preferible buscar otra franquicia.

En cualquier caso, hay cosas que se pueden negociar en un contrato. Por no decir que TODO se puede negociar en un contrato, más si la inversión es considerable. Pregúntale a un consultor serio y te dirá que ha visto hasta cambiar cláusulas delante del mismo notario el día de la firma. No aceptes el "es un contrato estándar y no se puede modificar" si algo no te termina de convencer.

Por poner un ejemplo actual, tomemos Restalia. Esta empresa franquiciadora tiene varias marcas, como 100 montaditos, La Sureña y TGB. Si decides abrir un 100 montaditos, asegúrate que no pueda haber un La Sureña en el local de al lado.

Con esto quiero decir que la picaresca siempre va a estar ahí y si un franquiciador ha descubierto que le va bien una zona y que ha dado demasiada exclusividad, quizás pueda saltársela sacando negocios similares con otras marcas.

Cuando el acaba el contrato, ¿de quién es la cartera de clientes?

Lo normal es que los clientes pasen a la cartera de la franquicia, si esta cartera se ha creado desde cero durante la vigencia del contrato.

Es decir, que tiene su lógica que los clientes que consigues gracias a la explotación de una marca, con unas herramientas que "te han prestado" sean del franquiciador. Además, no se te olvide que al fin y al cabo no vas a poder usar, por lo menos de forma descarada, ni los clientes ni las herramientas que consigas copiarte por las cláusulas de "no competencia" que vas a firmar.

De hecho, has de tener en cuenta que en los contratos de franquicia es muy frecuente una cláusula que impide al firmante establecer una empresa similar, o ser accionista de ella, en un plazo de tiempo determinado. Es normal que el franquiciador intente protegerse de aquellos que piensan en montar, por ejemplo, una franquicia de una peluquería para aprender y después tengan la intención de cambiar el letrero por "Peluquería Paqui" en cuanto se termine el contrato de franquicia.

Otra cosa es que la cartera de clientes te perteneciera a ti antes de la firma y sea una aportación tuya al negocio. Si, como, parece lógico, tienes intención de conservarla, procura asegurarte de que el contrato que te han presentado te permite hacerlo.

RESUMEN

Al finalizar la relación con la franquicia, fíjate si vas a poder dedicarte o invertir en un negocio similar.

También ten en cuenta que puedes incurrir en penalizaciones si el local va a dedicarse a una actividad en el mismo sector después de finalizar tu contrato con el franquiciador.

Asegúrate de haber leído alguna cláusula donde defina de quién son los clientes de tu unidad de negocio, especialmente a la finalización de la relación de franquicia.

Infórmate de los otros negocios y marcas de tu franquiciador y cómo podrían afectarte a ti.

CONCLUSIONES FINALES

Espero no haberte desanimado en tu andadura semi empresarial. Si ya es duro lanzarse al mundo por cuenta propia, imagínate hacerlo en un entorno plagado de trampas para principiantes.

Espero haber puesto algo de luz en un sector que puede ser muy positivo para todas las partes (franquiciador, franquiciado y cliente), pero que desgraciadamente hoy por hoy, en España, no está regulado ni por tanto, vigilado.

Si en los sectores supuestamente vigilados pasa lo que pasa (véase la banca), imagina lo que sucede en los que no. Un ejemplo: el Registro del Ministerio de Economía, Industria y Competitividad, que regula el ejercicio de la actividad comercial en régimen de franquicia, debería de hacer figurar cada año los cierres que se producen en cada enseña. Si ya has estado buscando cifras, verás que solo se publican las aperturas. Además, para conceder franquicias se ha de estar obligatoriamente inscrito en dicho registro.

Los responsables de poner orden y hacer que las reglas del juego sean justas, actualmente están al servicio de la comisión que se sacan de unos y otros. Si te pones a investigar un poco sobre las asociaciones de franquiciadores y franquiciados verás que no sacas nada que vaya a ayudarte, sino todo lo contrario.

Recuerda que vas a firmar un contrato en el que las partes acuerdan unas condiciones, y que, si pasa algo, tú firmaste esas cláusulas en plena consciencia. Aquí no hay cláusulas abusivas y las franquicias, sobre todo las más grandes, tienen muchos medios para quitarse de encima al pequeño franquiciado que les incordia.

También hay que decir que no todas las franquicias son tramposas ni que todo el sistema es un engaño. Hay franquicias muy buenas, que ayudan a sus franquiciados y que hacen todo lo posible porque el sistema sea un *win to win*. Sólo que es difícil verlas a priori en un océano de marcas, de folletos y de publicidad.

Quizás la parte peor de la franquicia es, que es como una relación de pareja, pero al revés: primero te casas y después empiezas a conocer a la persona con la que te has casado.

Me despido deseándote suerte, pero sobre todo sentido común. Lee bien todo lo que caiga en tus manos para informarte. Compara las condiciones de unos y otros. No te dejes llevar por el entusiasmo. Y sobre todo, pregunta a todo el que puedas: franquiciadores, franquiciados, asociaciones, consultoras, a tu familia.

Siempre se nos escapará algo, pero por lo menos lo habremos intentado.

CÓDIGO DEONTOLÓGICO EUROPEO DE FRANQUICIA APLICABLE EN ESPAÑA

1. Definición de la Franquicia.

La Franquicia es un sistema de comercialización de productos y/o servicios y/o tecnologías basado en una colaboración estrecha y continua entre empresas jurídica y financieramente independientes (1), el Franquiciador y sus Franquiciados, en la cual el Franquiciador otorga a sus Franquiciados el derecho, e impone la obligación de explotar una empresa de conformidad con el concepto (2) del Franquiciador.

(1) La independencia jurídica y financiera entre las partes:

El Franquiciado será responsable de los medios humanos y financieros que contrata, y será responsable ante terceros de los actos realizados en la explotación de la Franquicia.

Estará obligado a colaborar con lealtad al éxito de la Red a que se ha adherido.

(2) El concepto:

Será la conjunción original de tres elementos:

a. La propiedad o el derecho de uso de símbolos: marca de fábrica, marca comercial, marca de servicios, distintivos, razón social, nombre comercial, signos y símbolos, logotipo, etc.

b. El uso de una experiencia, de un "saber hacer".

c. Una serie de productos, de servicios y/o de tecnologías patentadas o no, que habrá concebido, puesto a punto, concedido o adquirido.

El derecho otorgado autoriza y obliga al Franquiciado, a cambio de una contribución financiera directa o indirecta, a utilizar el distintivo y/o marca de productos y/o de servicios, el "saber hacer" (3) y demás derechos de propiedad intelectual, sostenido por la prestación continua de asistencia comercial y/o técnica, dentro del marco y por la duración del Contrato de Franquicia escrito, establecido entre las partes, a tal efecto.

(3) Definición del "saber hacer":

El "saber hacer" es un conjunto de informaciones prácticas, no patentadas, resultantes de la experiencia del Franquiciador y probadas por él. Es secreto, sustancial, e identificado.

"Secreto", significa que el "saber hacer", en su conjunto o en la configuración y el ajuste exacto de sus componentes, no es conocido en general, ni resulta fácilmente accesible; ésto no se limita al sentido estricto de que cada componente individual del "saber hacer" deba ser totalmente desconocido o imposible de obtener fuera de las relaciones con el Franquiciador.

"Sustancial", significa que el "saber hacer" debe incluir una información importante para la venta de productos o la prestación de servicios a los usuarios finales, y en particular, para la presentación de los productos para su venta, la transformación de los productos en combinación con la prestación de servicios, las relaciones con la clientela y la gestión administrativa y financiera. El "saber hacer" debe resultar útil para el Franquiciado pudiendo mejorar la posición competitiva del mismo en la fecha de conclusión del acuerdo, especialmente mejorando sus resultados o ayudándole a introducirse en un nuevo mercado.

"Identificado", significa que el "saber hacer" debe estar descrito de forma suficientemente completa que permita verificar si reúne las condiciones de secreto y sustancialidad; la descripción del "saber hacer" puede realizarse de acuerdo con el Franquiciado, en documento separado o en cualquier otra forma apropiada.

El Franquiciador garantizará al Franquiciado el uso de este "saber hacer" que mantiene y desarrolla.

El Franquiciador lo transmitirá al Franquiciado y controlará la aplicación y el respeto del mismo mediante una información y una formación adecuadas.

El Franquiciador fomentará el incremento de la información de los Franquiciados a fin de mejorar el "saber hacer".

En el periodo precontractual, contractual y postcontractual el Franquiciador impedirá cualquier utilización y transmisión del "saber hacer" que puedan perjudicar a la Red de Franquicia, en particular, en lo que respecta a las redes competidoras.

2. Los Principios Generales.

2.1 El Franquiciador es el iniciador de una "Red de Franquicia" constituida por el Franquiciador y sus Franquiciados y cuya perennidad desea asegurar (4).

(4) La Red de Franquicia:

La constituirá el Franquiciador y sus Franquiciados. La Red de Franquicia, por su organización y su desarrollo, contribuirá a mejorar la producción y/o la distribución de los productos y/o servicios; promoverá el progreso técnico y económico, reservando a los usuarios una parte equitativa del beneficio que de ello se derive.

La marca del Franquiciador, símbolo de la identidad y de la reputación de la Red, constituirá la garantía de calidad del servicio prestado al consumidor.

Esta garantía estará asegurada por la transferencia y el control del respeto del "saber hacer" y por la puesta a disposición del Franquiciado de una gama homogénea de productos y/o servicios y/o tecnologías.

El Franquiciador se asegurará de que el Franquiciado, dé a conocer su naturaleza de empresario jurídicamente independiente, a través de una señalización adecuada.

2.2 El Franquiciador deberá:

a. Haber establecido y explotado con éxito un concepto comercial durante un periodo razonable y, como mínimo, en una unidad piloto antes del inicio de la Red (5).

(5) Obligación del Franquiciador:

Le corresponderá al Franquiciador dedicar a la promoción de su marca y a la innovación los medios

humanos y económicos que permitan asegurar el desarrollo y perennidad de su concepto.

b. Ser titular de los derechos sobre símbolos: distintivo, marcas y demás símbolos característicos (6) y (7).

(6) Los derechos sobre los signos distintivos:

Esos derechos deberán tener una duración al menos igual a la duración del Contrato.

(7) La imagen de marca:

El Franquiciador garantizará al Franquiciado el uso de los símbolos puestos a su disposición. Sobre todo deberá garantizarle la validez de sus derechos sobre la marca o marcas cuyo uso se concede por cualquier concepto al Franquiciado.

El Franquiciador mantendrá y desarrollará la imagen de marca.

El Franquiciador vigilará que el Franquiciado cumpla las prescripciones de utilización de la marca y de los demás símbolos puestos contractualmente a su disposición.

Al término del Contrato, el Franquiciador se asegurará de la no utilización de los símbolos por parte del antiguo Franquiciado.

En caso de exclusividad de la utilización de la marca en un territorio determinado, el Franquiciador precisará las modalidades: objeto, alcance.

El Franquiciador se asegurará, por todos los medios, de que la serie de productos y/o servicios y/o tecnologías que se ofrecen al consumidor es totalmente conforme con la imagen de marca, mediante una cláusula de compras exclusivas para los casos que lo justifiquen y, en particular, cuando los productos lleven la marca del Franquiciador.

c. Impartir a sus Franquiciados una formación inicial prestarles de manera continua una asistencia comercial y/o técnica durante la vigencia del Contrato.

2.3 El Franquiciado deberá:

a. Dedicar sus máximos esfuerzos al desarrollo de la Red de Franquicia y al mantenimiento de su identidad común y de su reputación.

b. Proporcionar al Franquiciador los datos operativos verificables, a fin de facilitar la determinación de los resultados y los estados financieros necesarios para la dirección de una gestión eficaz. El Franquiciado autorizará al Franquiciador y/o a sus delegados el acceso a sus locales y a su contabilidad en horas razonables.

c. No divulgar a terceros el "saber hacer" facilitado por el Franquiciador ni durante ni después del fin del Contrato (8).

(8) Obligación de no divulgar el "saber hacer" por parte del Franquiciado:

A este respecto, el Contrato podrá prever una cláusula de no competitividad en el curso o al término del Contrato, cuya duración, alcance y objeto se determinarán teniendo en cuenta el interés de la red.

2.4 Las dos partes deberán cumplir de manera continua las obligaciones siguientes:

a. Actuar de forma equitativa en sus relaciones mutuas. El Franquiciador comunicará por escrito al Franquiciado cualquier incumplimiento del Contrato y le concederá, si procede, un plazo razonable para subsanarlo.

b. Resolver sus quejas y litigios con lealtad y buena voluntad, mediante la comunicación y negociación directas.

3. Contratación, Publicidad y Divulgación.

3.1 La publicidad relativa a la contratación de Franquiciados deberá carecer de ambigüedad y de información engañosa.

3.2 Todo documento publicitario en el que aparezcan directa o indirectamente resultados financieros previsibles del Franquiciado, deberá ser objetivo y verificable.

3.3 Para que el futuro Franquiciado pueda comprometerse con pleno conocimiento de causa, el Franquiciador le entregará una copia del presente Código Deontológico, así como una información completa y escrita, en relación con las cláusulas del Contrato de Franquicia, en un plazo razonable con anterioridad a la firma del Contrato.

3.4 Cuando el Franquiciador proponga la firma de un Precontrato, éste respetará los principios siguientes:

a. Previamente a la firma de cualquier Contrato deberán entregarse al futuro Franquiciado las informaciones escritas relativas al contenido del mismo, así como a los gastos que de él se derivarán para el candidato.

Si se firma el Contrato de Franquicia, los gastos serán reembolsados por el Franquiciador o se considerarán a cuenta del derecho de entrada, si procede.

b. Deberá especificarse la duración del Precontrato. Deberá preverse una cláusula de indemnización mutua.

c. El Franquiciador podrá imponer una cláusula de no competencia y de confidencialidad a fin de impedir el desvío del "saber hacer" transmitido durante la vigencia del precontrato.

4. Selección de los Franquiciados.

El Franquiciador seleccionará y aceptará únicamente a los Franquiciados que, tras una investigación razonable, reúnan las condiciones requeridas (formación, cualidades personales, capacidad financiera) para la explotación de la empresa franquiciada.

5. El Contrato de Franquicia.

5.1 El Contrato de Franquicia deberá ajustarse al Derecho Nacional, al Derecho Comunitario y al Código Deontológico.

El Contrato reflejará los intereses de los miembros de la Red de Franquicia, protegiendo los derechos de propiedad industrial e intelectual del Franquiciador y manteniendo la identidad común y la reputación de la Red de Franquicia (9).

(9) La relaciones contractuales:

El Franquiciador y los Franquiciados son conscientes de que colaboran en un sistema en el que están unidos sus intereses, tanto a corto como a más largo plazo.

La flexibilidad del sistema y el sentido de las responsabilidades de cada uno han sido la base del éxito de la Franquicia.

Las relaciones entre las partes deberán permitir, por tanto, seguir las evoluciones necesarias para mejorar el funcionamiento de la red de Franquicia y la satisfacción del consumidor.

El Franquiciador establecerá en el Contrato escrito, de forma completa y precisa, los derechos, obligaciones y responsabilidades de las partes.

El Contrato deberá reflejar la estrategia de la Red de Franquicia.

El Contrato no impondrá a las partes interesadas restricciones que no sean necesarias para alcanzar los objetivos.

El equilibrio del Contrato se apreciará de forma global en función del interés de la Red de Franquicia.

El marco contractual permitirá la expresión de un diálogo permanente y propiciará las soluciones de conciliación.

Todo Contrato y todo acuerdo contractual por los que se rijan las relaciones entre Franquiciador y Franquiciado serán redactados o traducidos por un traductor jurado en la lengua oficial del país en el que se establece la Franquicia, y las copias del Contrato firmado se remitirán inmediatamente al Franquiciado.

5.2 El Contrato de Franquicia establecerá sin ambigüedades las obligaciones y responsabilidades respectivas de las partes, así como cualquier otra cláusula material de la colaboración.

5.3 Los puntos esenciales del Contrato son los siguientes:

a. Los derechos del Franquiciador.

b. Los derechos del Franquiciado.

c. Los bienes y/o servicios proporcionados al Franquiciado.

d. Las obligaciones del Franquiciador.

e. Las obligaciones del Franquiciado.

g. La duración del Contrato, fijada de modo que permita al Franquiciado amortizar las inversiones específicas de la franquicia.

h. Las condiciones de renovación del Contrato, si procede (10).

(10) Las condiciones de renovación:

El Franquiciador informará al Franquiciado con un preaviso suficiente su intención de no renovar su Contrato antiguo expirado o de no firmar un nuevo Contrato.

i. Las condiciones en que podrá efectuarse la cesión o la transferencia de los derechos derivados del Contrato y las condiciones de prioridad del Franquiciador.

j. Las condiciones de utilización por el Franquiciado de los símbolos pertenecientes al Franquiciador:

distintivo, marca, marca de servicio, logotipo y todos los demás símbolos característicos.

k. El derecho del Franquiciador de hacer evolucionar su concepto de Franquicia.

l. Las cláusulas de rescisión del Contrato.

m. Las cláusulas que prevean la recuperación, por el Franquiciador, de cualquier elemento material o inmaterial que le pertenezca en caso de finalización del Contrato antes del plazo previsto (11).

(11) El cese de la relación de Franquicia:

El Franquiciador, que habrá indicado en el Contrato las condiciones de retirada y/o de utilización de los materiales específicos de la Franquicia, no pretenderá, por estas condiciones, penalizar al antiguo Franquiciado, sino proteger la identidad y la reputación de la Red de Franquicia.

6. Master Franquicia.

Este Código Deontológico no se aplicará a las relaciones entre el Franquiciador y su Master Franquiciado.

Sin embargo, sí se aplicará entre el Master Franquiciado y sus Franquiciados.

www.ingramcontent.com/pod-product-compliance
Lightning Source LLC
Chambersburg PA
CBHW070955240526
45469CB00016B/1168